Erste Experimente

IM HAUS

Chris Maynard

DORLING KINDERSLEY
London • New York • München • Paris

DORLING KINDERSLEY

Einkaufszettel

- Alufolie
- Aluminiumbackform
- Bittersalz (Abführmittel aus der Apotheke)
- Eier
- Eiswürfel
- Essig und Öl
- Götterspeise (zum Anrühren)
- Haus-Natron oder sehr viel Backpulver
- Knete
- Korken
- Lebensmittelfarben
- mehrere Gläser mit Schraubdeckelverschluss, Plastikflaschen, Schnüre, Luftballons, 2 Plastikteller, 1 Styroporschale
- Möhren, Sellerie
- Plastikschlauch (1/2 m)
- Rotkohl im Glas
- Rotkohl, frisch
- Sahne
- Salz und Pfeffer
- Schokodragees
- Schokolade (1 Tafel)
- Schokopulver
- Sirup
- Stärkemehl
- Toastbrot
- Tonic, Saft, Strohhalme
- Weintrauben
- (Würfel-)Zucker
- Zitronen
- Zwiebeln
- 1 Kerze
- 1 Schraubenmutter

Lektorat Sue Leonard, **Bildredaktion** Cheryl Telfer, **Cheflektorat** Mary Ling, **Chefbildlektorat** Rachael Foster, **Fotos** Steve Shott, **Covergestaltung** Chris Drew, **DTP-Design** Almudena Díaz, **Bildrecherche** Marie Osborn, **Herstellung** Kate Oliver, **Wissenschaftliche und pädagogische Beratung** Alison Porter und Frazer Swift

Die Deutsche Bibliothek – CIP Einheitsaufnahme

Ein Titelsatz für diese Publikation ist bei Der Deutschen Bibliothek erhältlich.

Titel der englischen Originalausgabe: Kitchen Science

In neuer Rechtschreibung

Übersetzung Cornelia Panzacchi, **Redaktion** Kerstin Wendsche, **Druck und Bindung** L.E.G.O., Italien

ISBN 3-8310-0236-3

Besuchen Sie uns im Internet
www.dk.com

Inhalt

Küchenlabor

ALS VERSUCHSLABOR eignet sich die Küche von allen Räumen im Haus am besten. Sieh dich in eurer Küche um. Wenn du darin Essigsäure findest, Natriumchlorid und ein oder zwei Flüssigkeitsbehälter*, kann es sofort losgehen.

Junger Wissenschaftler mit Stromgenerator.

Forscherinnen bereiten ein Experiment vor.

Das Team erforscht die Farben.

Interessante Ergebnisse bei der Schimmelzucht.

Auch ernsthafte Experimente können sehr lustig sein.

Versuchsanordnung für einen Zungentest.

An's Werk!

Auf den folgenden Seiten findest du dutzende leichter Experimente, die du am besten in der Küche durchführst. Bei manchen entwickeln sich Gerüche, bei anderen könntest du nass oder schmutzig werden. Richtig gefährlich wird es aber nie.

Wissenschaft

In Kästen wie diesem findest du eine wissenschaftliche Erklärung für das, was du im Experiment beobachten oder herausfinden kannst.

Dies ist ein Warnzeichen. Es weist bei manchen Experimenten auf Dinge hin, die unbedingt beachtet werden müssen.

Dieses Zeichen bedeutet, dass ein Erwachsener bei dem Experiment oder Teilen davon helfen sollte.

Frage immer einen Erwachsenen, bevor du Zutaten oder Geräte für ein Experiment nimmst.

Halte ein Notizbuch bereit, damit du aufschreiben kannst, was bei dem Experiment passiert. Auch die Forscher in den richtigen Laboren machen das so.

* Laborsprache für: Essig, Salz und Schüsseln.

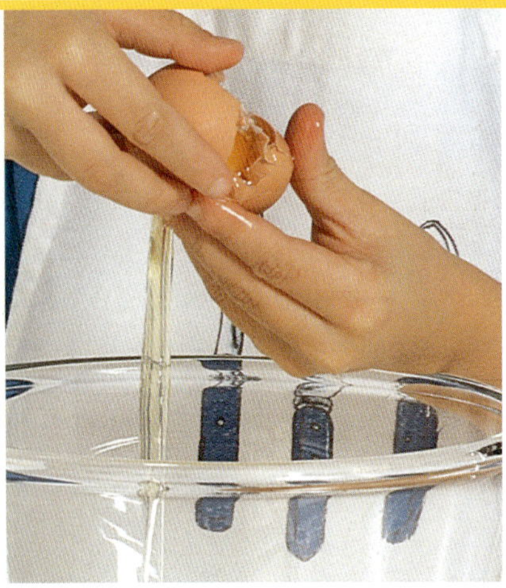

Professor Koch

INTERESSANT ist bei Experimenten in der Küche auch, dass einige Versuchsergebnisse sehr lecker sind. Erzähle deinen Mitarbeitern und Freunden aber lieber erst nach dem Essen, dass sie gerade eine Eiweißemulsion zu sich genommen haben.

Schlage vier Eier auf. Lass das Eigelb von einer Schalenhälfte in die andere gleiten, damit das wässrige Eiweiß in die untergestellte Schüssel fließt. Das ist gar nicht so leicht; bitte einen Erwachsenen um Hilfe.

Das weiße Zeug

Beim Schlagen blähen sich die Eiweißzellen wie winzige Luftballons auf. Sie nehmen so viel Luft auf, dass aus der kleinen Pfütze Eiweiß ein dicker weißer Schaum mit fast fünffachem Volumen wird. Füge Zucker hinzu; im Backofen werden Baisers daraus.

Mit dem Schneebesen lässt sich das Eiweiß zu Schaum schlagen. Schlage so lange, bis der Schaum richtig steif ist.

Eiweiß zu schlagen macht Spaß – und Muskeln!

Damit daraus Baiser wird, lässt man eine halbe Tasse Zucker langsam in den Eischnee rieseln. Tupfe kleine Häufchen der Mischung auf ein Backblech und bitte einen Erwachsenen, die Baisers zu backen. Eigentlich ist es mehr ein Trocknen: der Ofen sollte nur 130°–140°C heiß sein.

Eierkunde

Das Eiweiß besteht aus Albumin. Frisch hat es eine klebrige, gallertartige Beschaffenheit. Wenn es geschlagen wird, schließt es eine große Menge Luft ein. Erhitzt man es, so wird es zu einem festen Klumpen. Behutsam in Kuchenteig eingerührt, macht es den Kuchen weich und schaumig.

Butter herstellen

Früher stellten die Leute auf dem Land ihre Butter selbst her. Heute ist man davon abgekommen; dabei ist es nicht besonders schwer. Gieße einen Becher Schlagsahne in einen Plastikbecher mit Schraubdeckel. Er sollte nur halb voll sein. Füge eine Prise Salz hinzu und lege eine blitzsaubere Silbermünze mit in den Becher.

Schraube den Deckel sorgfältig zu. Schüttle den Becher ungefähr 15 Minuten lang wie verrückt. Zuerst hörst du die Münze klimpern und die Sahne glucksen. Dann wird die Sahne immer dicker und gluckst nicht mehr: Jetzt hast du Schlagsahne. Schüttel weiter und aus der Sahne wird ein gelber Kloß und dünne Buttermilch. Hör noch ein paar Sekunden lang nicht mit dem Schütteln auf.

Gieß die Buttermilch ab und lege den Kloß mit einem Löffel in ein sauberes Tuch. Dreh es oben zusammen und wringe den Kloß dadurch aus, bis kein Wasser mehr kommt. Jetzt hast du richtige Butter – und sicher richtig Hunger!

Butterkunde

Die meisten Leute glauben, Emulsion wäre eine Art Farbe. Tatsächlich ist es eine Mischung, in der Tropfen einer Flüssigkeit in einer anderen schwimmen. Wie bei Salatsoßen Öl in Essig. Oder Butterfett in Wasser bei Schlagsahne. Durch das Schlagen der Sahne vereinigen sich die Butterfetttröpfchen zu einem gelben Butterkloß.

Hinterher tun dir vom Schütteln die Arme weh. Dafür hast du nun frische Butter.

Irre Mischungen

IN DER KÜCHE wird viel vermischt und gemixt; die Ergebnisse davon essen wir normalerweise. Unsere seltsamen Mischungen hier dagegen sind nicht zum Essen gedacht.

Verwirrte Farben

Hast du Lust auf einen Farbenwirrwarr? Gieße Milch in einen tiefen Teller und lass sie stehen, bis sie Raumtemperatur hat. Träufle dann verschiedene Lebensmittelfarben hinein.

Tauche einen Zahnstocher in Spülmittel und berühre damit die Milch. Sofort rasen die Farben zum Tellerrand hin. Tauche den Zahnstocher wieder ein, aber dieses Mal in einen Farbfleck – und schau zu, was passiert!

Mit einem Tropfen Seife löst du die Spannung der Milch.

Ekelbrei

Bei diesem Experiment sollten nur Freunde dabei sein, denen es vor gar nichts graust. Gib zwei Tassen Stärkemehl in eine Schüssel und füge Lebensmittelfarbe hinzu. Während einer von euch diese Mischung knetet, gießt ein anderer – LANGSAM – eine Tasse Wasser zu.

Hier geht es um die Spannung

Sieh dir einen Wassertropfen auf einer Folie gründlich an. Er hat außen so etwas wie eine Wasserhaut. Das ist die Oberflächenspannung. Seife zerstört sie. Wenn an die Milch Seife kommt, bricht die Spannung in diesem Punkt zusammen, bleibt aber im übrigen Teller bestehen. Deshalb flitzt die Milch (und mit ihr die Farben) zum Tellerrand.

Probiere verschiedene Schöpfer und beobachte, wie sich der Brei verhält, wenn du ihn durch sie durchdrückst.

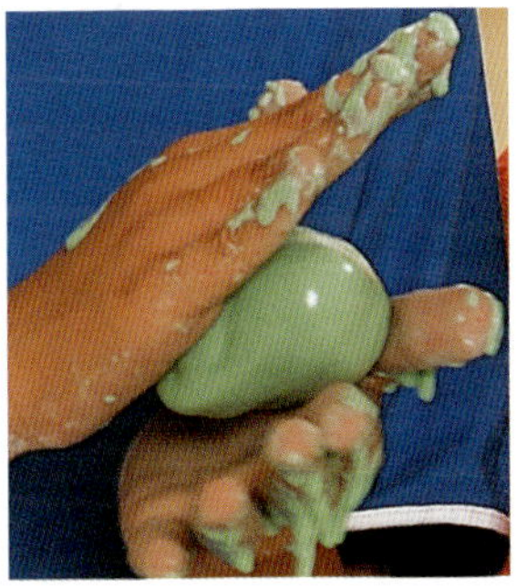

Nimm einen Klumpen und rolle daraus einen Ball. Lass ihn dann auf der offenen Hand liegen. Er wird zwischen deinen Fingern durchrutschen.

Knetet den Brei gründlich durch.

Drücke eine Hand voll davon fest zusammen und öffne die Hand dann wieder.

Schöner Brei!

Der Brei ist manchmal fest und manchmal flüssig. Stärkemehl löst sich nämlich nicht richtig auf. Es bildet im Wasser kleine feste Teile; Wissenschaftler nennen diesen Typ von Flüssigkeit Kolloid. Kolloide verhalten sich komisch. Je fester man sie hält, desto fester fühlen sie sich an. Lässt man aber los, werden sie wieder flüssig. Wie geht man mit ihnen um? Sanft, wenn sie fließen, und hart, wenn sie fest sein sollen.

Coole Knete

Während des 2. Weltkriegs, suchte ein Ingenieur in den USA nach einem billigen Ersatz für Gummi. Er stellte eine Masse her, die dehnbarer als Gummi war und in Ballform stark abprallte, für Autoreifen aber viel zu weich war. Eines Tages sah der Besitzer eines Spielzeuggeschäfts den Ersatzgummi. Er kaufte etwas davon, rollte ihn zu Kugeln und packte sie in Plastikeier. Er nannte es Silly Putty®. In nur drei Tagen verkaufte er 750 000 Packungen: eine Sensation! Die komische Knete ist heute noch beliebt.

Seifenblasenforschung

SEIFENBLASEN MACHEN ist eine hochwissenschaftliche Angelegenheit. Bei den kleinen Blasen wird das leicht übersehen; deshalb führen wir unsere Experimente hier mit Super-Mega-Riesenseifenblasen durch.

Monsterblasen

Die meisten Leute machen mit kleinen Röhrchen und Ringen kleine Bläschen. Forscher sollten sich damit nicht abgeben. Sie brauchen größere Seifenblasen. VIEL GRÖSSERE. Sie sollten länger als dein Arm und größer als dein Kopf werden.

Vermische eine halbe Tasse Spülmittel in einer großen Schüssel mit einigen Kannen Wasser. Wenn du sie einen Tag vor Gebrauch ansetzt, wird die Mischung noch kräftiger. Biege dann einen Drahtkleiderbügel rund. Tauche ihn in die Schüssel und ziehe ihn vorsichtig heraus. Du kannst komische Formen schwenken, wenn die großen Blasen gelingen.

Blasenkunde

Wenn man in einen Seifenfilm Luft bläst, dehnt er sich wie ein Ballon aus. Dann schließt er sich und bildet eine Haut rund um ein bisschen Luft. Der stark gedehnte Film versucht nun, sich wieder zusammenzuziehen. Die eingeschlossene Luft verhindert das. So bildet er die am geringsten gedehnte Form: eine Kugel. Deshalb sehen alle Blasen zuletzt immer wie Kugeln aus, auch wenn sie anfangs an Kegel, Rechtecke oder Eier erinnert haben.

Regenbogenkuppel

Auf Blasen zeigen sich fantastische Farbenspiele – wie beim Regenbogen. Mit diesem Experiment gehst du den Farben auf die Spur.

Klebe eine Taschenlampe auf den Boden eines durchsichtigen Plastikdeckels. Dreh ihn um und gieße Seifenwasser hinein.

Die Taschenlampe scheint von unten durch die Blasen und verwandelt sie in bunt schillernde Kuppeln.

Stecke einen Strohhalm in das Seifenwasser und blase leicht hinein, so dass sich Blasenkuppeln bilden. Geh in einen dunklen Raum und schalte die Lampe ein. Sieh dir die Blasen genau an. In welchen Farben schillern sie? Verändern sie sich? Welche Farben siehst du, kurz bevor die Blase platzt?

Kurz bevor sie platzt, ist die Blasenhaut ein 500 000stel cm dick.

Von den Farben

Die Blasen bestehen aus Schichten von Seife und Wasser. Wenn sie das Licht der Lampe widerspiegeln, schillern darauf die Farben des Regenbogens. Pustest du leicht auf eine Blase, so ändert sich die Farbe, weil die Haut dünner wird. Sind die Wände zu dünn, zeigen sie keine Farbe mehr; deshalb wirkt die Blase kurz vor dem Platzen schwarz.

Tauche Trichter und andere Küchenutensilien in die Mischung und puste durch sie hindurch.

Starke Türme

Baue zuerst einen Turm aus losen Zuckerwürfeln. Wie hoch wird er, bevor er einstürzt?

DIE GEHEIMNISSE DER BAUKUNST sind raffinierte Tricks. Durch ihren Zuschnitt werden Baustoffe stabiler und aus winzigen, zusammengeklebten Steinen können riesige, tragfähige Gebäude entstehen.

Klebrige Ziegel

Das Geheimnis von Gebäuden, die nicht einstürzen, liegt darin, dass die Ziegel durch Zement verbunden sind. Probier das Rezept unten aus, um Zuckerwürfel zu Sechsergruppen zusammenzufügen. Mauere sie dann in Schichten zu einem Turm auf. Wie hoch wird er, bevor er zu wackeln beginnt?

Genug Türme gebaut? Versuch es doch einmal mit einem Iglu!

⚠ Der Zement riecht lecker. Koste trotzdem nicht davon! Rohe Eier können Krankheitskeime enthalten.

Um erstklassigen Zement zu erhalten, solltest du drei Eiweiß mit etwa einer Tasse Puderzucker in einer Schüssel zu einer dicken Paste schlagen. Streiche sie dann auf die Zuckerziegel. Je dicker der Zement, desto stabilder der Turm.

Brücken bauen

Natürlich kann ein Blatt Papier keine schwere Last tragen. Oder doch? Ingenieure kennen ein paar schlaue Kniffe, um starke Papierbrücken zu bauen.

Klebe ein Stück Karton so an zwei Dosen fest, dass eine Brücke entsteht. Wie viele Karottenstücke kannst du auflegen, bis die Brücke einbricht?

Teste die unten gezeigten Brückenformen. Welche ist die kräftigste? Die gewellte Brücke trägt ihre Last gut, weil das Papier durch die Falten verstärkt wird. Jede Falte hat viel mehr Kraft als ein flaches Blatt. Die Falten machen die Brücke so stabil, dass sie ganz viele Karottenscheiben tragen kann.

Lege immer mehr Gewichte auf, damit du siehst, welche Brücke am meisten trägt.

Brückenkunde

Eine Brücke steht auf Säulen. Aus dem gewellten Blatt kannst du ebenso wie aus Trägern eine Balkenbrücke bauen. Am stabilsten aber ist der Bogen.

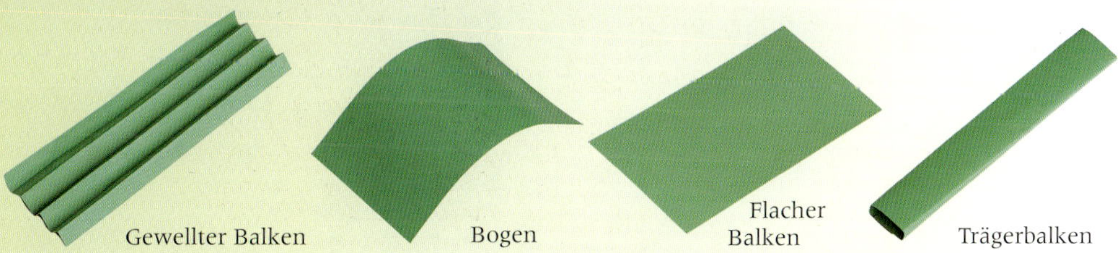

Hängebrücken

Bei diesen Brücken werden zwischen hohen Türmen Kabel gespannt, was sie sehr stabil macht. Deshalb sind sie am geeignetsten, um weite Strecken zu überspannen. Auf dem Foto oben siehst du die berühmte Golden-Gate-Brücke in San Francisco (USA), die fünftlängste Brücke der Welt. Die längste ist die Akashi-Kaikyo-Brücke in Japan, mit ungefähr 2000 m Länge.

Bogenbrücken

Bogenbrücken gehören zu den ältesten Brückentypen. Sie sind in Form eines Bogens erbaut, so dass das Gewicht auf der Biegung und den beiden Schenkeln liegt. Weil die beiden Enden die größte Last tragen, verträgt die Bogenbrücke mehr Gewicht als eine Balkenbrücke. Die Spannung im Bogen verhindert, dass sie in der Mitte einsackt.

Schimmliges Zeug

WENN DU PILZE MAGST, wirst du auch Schimmelpilze lieben. Sie sind mit den Pilzen verwandt und bilden ebenfalls keine Samen, sondern vermehren sich durch Sporen.

Der Karton ist mit winzigen Sporen bestäubt.

Wenn du die Schüssel und den Pilz weggenommen hast, siehst du auf dem Karton so etwas wie ein Bild aus Staub. Dies sind die Sporen. In der Natur trägt der Wind sie davon. Wenn sie auf feuchtem Untergrund landen, wachsen aus ihnen neue Pilze.

Sporenbild

Ebenso wie die Sporen der Pilze sind auch die der Schimmelpilze nur so groß wie Staubkörnchen. Dafür sind sie sehr zahlreich – wie das Sporenbild zeigt.

⚠ **Kaufe einen sehr großen Pilz**. Pilze aus dem Wald könnten giftig sein. Schneide den Stiel ab und lege den Hut mit der Oberfläche nach oben auf Karton. Decke ihn mit einer Schüssel ab und lass ihn ein paar Tage stehen. Bei manchen Pilzen sind die Sporen schon sichtbar. Nimm für helle Sporen dunklen Karton, für dunkle hellen Karton.

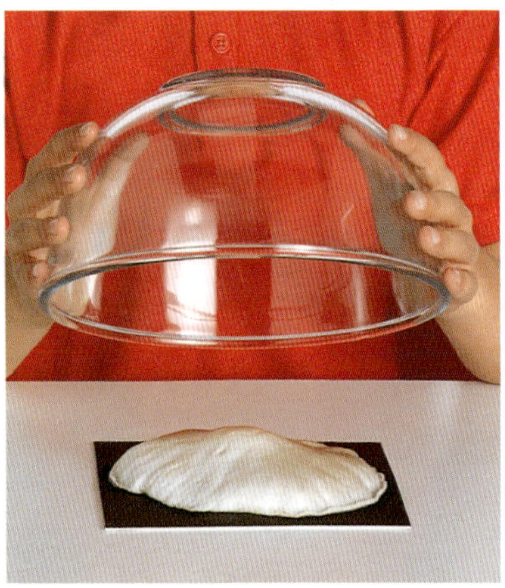

Schimmelkunde

Schimmliges Brot

Schimmel ist mit den Pilzen verwandt. Aber statt auf feuchten Waldböden gedeiht er auf feuchten, verrottenden Dingen. Schimmel wächst als ein Gewirr feiner Fäden. Sie enthalten die Sporenbehälter. Jede der stecknadelkopfgroßen Kapseln enthält tausende von Sporen. Wenn sie aufbrechen, fliegen die Sporen davon und suchen sich neue feuchte Lebensräume.

Sporen des Brotschimmels

Lass schimmeln!

Möchtest du deinen eigenen Schimmel züchten? Nimm Reste von Brot, Käse, Gemüse und Obst. Fleisch und Fisch würden zu sehr stinken.

Tauche die Reste in Wasser. (Im Trockenen gedeiht Schimmel nicht.) Verwahre sie in einem geschlossenen Schraubglas. Dichte den Verschluss außen mit Klebeband ab. Bewahre das Glas so auf, dass sich niemand davor ekeln muss.

Ess-Schimmel

Ebenso wie Mehltau gehört Schimmel zu den Pilzen. Er wächst auf faulenden Resten von Speisen, Pflanzen und Tieren. Wir werfen fast alles, was verschimmelt ist, fort. Wenn aber bestimmte Käsesorten blauen oder grünen Schimmel entwickeln, schmecken sie ausgezeichnet. Dieser Schimmel ist essbar und gut verträglich.

Schimmel verdanken wir das Leben rettende Penizillin.

Bald wächst ein pelziger Garten: deine Schimmelzucht.

⚠ Schimmelpilzkäse schmeckt gut. Die anderen Schimmelarten aber darf man nicht essen. Dichte das Schraubglas zu Beginn des Experiments mit Klebeband fest ab und wirf es nach Abschluss des Experiments weg, ohne es zu öffnen.

Nach ein paar Tagen erkennst du die weißen, grünen oder blauen Flecken, die sich über die Speisereste ausbreiten. Das ist Schimmel. Was schimmelt zuerst? Ist der Schimmel glatt oder haarig? Verschimmelt alles, was im Glas ist? Wirf das Glas mitsamt Inhalt weg, wenn du den Schimmel nicht mehr beobachten willst.

Saure Kraft

ZITRONEN SIND voll von saurem Saft. Der Saft enthält eine natürliche Säure. Deshalb kann man mit Zitronen eine Menge spannender Experimente durchführen.

Zitronenprickeln

Die meisten Batterien sind aus Metall und randvoll mit Chemikalien gefüllt. Andere Dinge können Strom erzeugen, ohne dass sie im Geringsten wie Batterien aussehen. Zum Beispiel Zitronen.

Schockergebnis

Aus der Zitrone wurde eine natürliche Batterie. Der Vorgang ist der gleiche wie bei den handelsüblichen Batterien. Zitronensaft ist eine milde Säure; deshalb schmeckt er sauer. Zusammen mit den beiden Drähten aus verschiedenen Metallen lässt die Säure Strom entstehen. Solange eine Zitrone Saft hat, hat sie auch Kraft.

⚠ **Nimm eine frische Zitrone.** Stecke ein kurzes Stück Kupferdraht hinein. Biege eine Büroklammer aus Stahl gerade und stecke sie neben den Kupferdraht. Berühre nun vorsichtig die beiden Enden mit deiner Zunge. Das Kitzeln, das du spürst, ist ein kleiner Stromstoß. Verwende für dieses Experiment nie Batterien oder andere Drähte, denn das ist gefährlich!

Haltbar machen

Zitronen können viel mehr, als nur Strom erzeugen. Sie verhindern auch, dass Äpfel braun werden. Bitte für dieses Experiment jemanden, einen Apfel in Viertel zu schneiden.

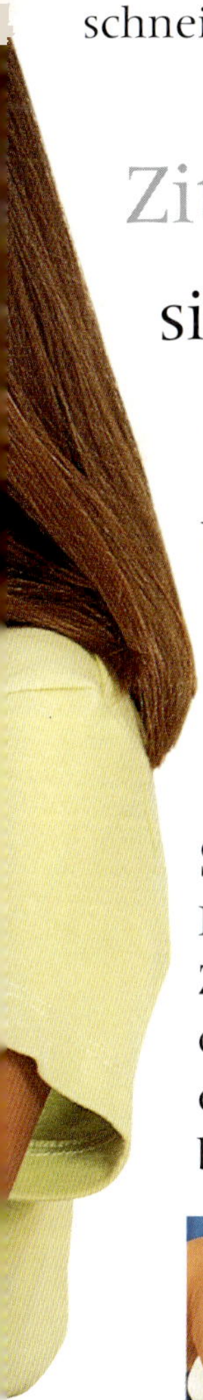

Zitronen sind Früchte des Zitrus- baums.

Träufle Zitronensaft auf zwei Apfelviertel. Lass auf dem Tisch ein Viertel mit Zitronensaft und eines ohne liegen. Stelle die beiden anderen Viertel in den Kühlschrank. Sieh sie dir ein paar Stunden später an – die Viertel ohne Zitronensaft sind braun geworden.

Ohne Saft/ ungekühlt

Mit Saft/ ungekühlt

Ohne Saft/ gekühlt

Mit Saft/ gekühlt

Farbe und Luft

Wird ein Apfel aufgeschnitten, so werden auch die „Zellen" geöffnet. Die darin enthaltenen chemischen Stoffe reagieren mit dem Sauerstoff in der Luft; dadurch wird das Fruchtfleisch braun. Die Säure im Zitronensaft (Zitronensäure genannt) verhindert die chemische Reaktion. Kühlen hat eine ähnliche Wirkung; deshalb wird das unbehandelte Apfelviertel im Kühlschrank ebenfalls nicht so braun.

Schwimmkunst

Hier kannst du sehen, dass Zitronen schwimmen – es sei denn, man schält sie. Wirf eine Zitrone ins Wasser. Sie bleibt an der Oberfläche.

Schäle sie ab. Wenn du sie jetzt wieder ins Wasser wirfst, wird sie sinken. Die Schale ist die Schwimmweste der Zitrone, denn sie ist von tausenden von Luftbläschen durchsetzt. Durch das Schälen hast du sie entfernt. Das Fruchtfleisch ist schwerer als Wasser.

Man könnte meinen, dass die Zitrone ohne Schale leichter ist. Doch ohne die in der Schale eingeschlossene Luft sinkt sie.

Fischgeruch

Wie verhindert man, dass ein Fisch riecht? Indem man ihm die Nase zuhält! Wie verhindert man, dass die Hände nach Fisch riechen, wenn man mit Fisch zu tun hatte? Mit Zitronensaft! Der Geruch entsteht durch Öle im Fisch. Wenn Seife nicht hilft, sollte man Zitronensaft nehmen. Die darin enthaltene Säure verändert die chemischen Stoffe in den Fischölen.

Prickelnde Gase

Nimm etwas Essig und füge rote Lebensmittelfarbe hinzu. Fülle mithilfe eines Trichters Natron oder Backpulver in eine kleine Plastikflasche, bis sie halb voll ist. Gleich hast du einen eigenen Vulkan.

SO ETWAS MACHEN CHEMIKER in den Laboren jeden Tag: zwei Chemikalien mischen, um eine dritte zu erhalten. Bei diesem Experiment wird ein Gas hergestellt – das aber weder außergewöhnlich noch gefährlich ist.

Chemischer Ausbruch

Beim Wort „Vulkan" denken die meisten Leute an glühende Lava. Aber hast du je von einem kalten Vulkanausbruch gehört? Nein? Wenn du dieses Experiment durchführst, wirst du einen sehen.

Stelle das Fläschchen mit dem Natron in die Mitte eines großen Tabletts oder Bleches. Forme rundherum einen Vulkankegel aus Sand.

⚠ **Gieße die Essigmischung** in den Vulkanschlot und mach dich auf den „Ausbruch" gefasst. Wenn etwas von der „Lava" auf deine Haut kommt, wasch es sofort mit Wasser ab.

Blähende Idee

Wie kann man mithilfe einer Flüssigkeit einen Ballon aufblasen? Versuch es mit dieser chemischen Mischung. Sie kümmert sich um den Ballon. Atme tief durch und schau zu, wie er immer größer wird.

Fülle eine große Flasche je zur Hälfte mit Wasser und Essig.

Schütte mithilfe eines Trichters Natron in einen Luftballon. Ziehe dann das Ballonende fest über den Flaschenhals.

Lass den oberen Teil herunterhängen, bis er aufgeblasen werden soll. Hebe ihn dann an, so dass das Pulver in die Flasche rieselt. Gleich entsteht eine Unmenge von Blasen und Bläschen. Und was geschieht mit dem Ballon?

Chemie oder Magie?

Warum ist der Vulkan ausgebrochen? Warum wurde der Ballon aufgeblasen? Weil Natron (Natriumhydrogencarbonat) und Essig (Essigsäure) durch chemische Reaktion Kohlendioxid erzeugten. Zig Milliarden Blasen entstanden und blähten den Ballon auf bzw. sprudelten aus dem Vulkan.

Wenn Soda und Essig zusammenkommen, bläht der Ballon sich auf.

Gluckergas

Das bei diesem Experiment gewonnene Gas ist Kohlendioxid (Kohlensäure), das Mineralwasser und Limonaden zum Sprudeln bringt. Die Flaschen werden in den Fabriken mit Hochdruck gefüllt. Das Gas wird so fest hineingepresst, dass es sich in der Flüssigkeit auflöst.

Wenn du eine Sprudelflasche öffnest, sinkt der Druck ab. Gas und sprudelnde Bläschen drängen nach oben, aus der Flasche. Sie bewirken, dass das Getränk prickelt und gut schmeckt. Sie sind auch schuld daran, dass wir aufstoßen, wenn wir zu viel davon getrunken haben. Im 18. Jh. lebte in Großbritannien ein Wissenschaftler namens Joseph Priestly. Er stellte fest, dass Kohlendioxid Wasser zum Sprudeln bringt, und erfand so die beliebten sprudelnden Getränke.

Leere ein Glas Rotkohl in ein Sieb und fange den Saft in einer Schüssel auf.

Säuretests

LUTSCHE AN EINER ZITRONE oder träufle dir einen Tropfen Essig auf die Zunge. Warum zieht sich dir alles zusammen? Weil beides schwache Säuren sind und Säuren sauer schmecken. Basen sind das Gegenteil von Säuren. Schwache Basen schmecken bitter und fühlen sich seifig an: Seife enthält Basen.

Zauberkessel

Bei diesem Experiment werden eine Säure und eine Base vermischt. Das Ergebnis stinkt und sprudelt heftig.

Schütte Natron oder Backpulver in die Schüssel. Die Flüssigkeit wird aufschäumen und allmählich die Farbe verändern. Gieße dann etwas Essig hinein. Wieder sprudelt die Mischung und verfärbt sich. Der Rotkohlsaft sprudelt, wenn er mit dem Natron (eine Base) in Kontakt kommt, weil Rotkohlsaft Essig (eine Säure) enthält.

Saurer Regen

Wenn sich Abgase mit Regen vermischen, verwandeln sie den Regen in eine Säure. Der Saure Regen wiederum führt bei allem, auf das er fällt, chemische Reaktionen herbei – auch bei Gebäuden und Bäumen.

Rosa und blau

Erkennungsmittel zeigen an, ob es sich bei einem chemischen Stoff um eine Säure oder eine Base handelt. Gute Erkennungsmittel irren sich nie. Reiner Rotkohlsaft ist ein ausgezeichnetes Erkennungsmittel; bei seiner Herstellung sollte dir ein Erwachsener helfen. Der Saft wird bei Kontakt mit einer Säure rosa und bei Kontakt mit einer Base blau.

Bitte einen Erwachsenen einen ganzen Rotkohl klein zu schneiden und ihn in einem Topf heißem Wasser ziehen zu lassen. Gieße ihn nach einigen Stunden ab. Verteile den Rotkohlsaft auf vier Gläser und suche in der Küche nach Basen und Säuren.

Zitronensaft ist eine schwache Säure: Das Erkennungsmittel wird rot.

Destilliertes Wasser ist weder eine Säure noch eine Base. Es ist neutral. Die Farbe bleibt gleich.

Glaubersalz ist eine Base, deshalb wird das Erkennungsmittel blau.

Natron ist eine Base: Das Erkennungsmittel wird grün.

Saubermacher

Viele Reinigungsmittel enthalten Basen. Bei diesem Experiment bringt Natron als mildes Putzmittel und Alufolie Silber wieder zum glänzen.

Gib eine Tasse Natron in eine Schüssel und bitte einen Erwachsenen, sechs Tassen kochendes Wasser dazuzugießen. Rühre um, bis das Pulver sich aufgelöst hat, und lege dann einige Streifen Alufolie hinein.

Wunderbare Alufolie

Alufolie und Natron erzeugen in einer Schüssel elektrischen Strom – wie eine Autobatterie. Dieser entfernt die Ablagerungen vom Silber und legt sie auf der Folie ab. Dadurch wird das Silber wieder glänzend und blank.

Tauche Silberbesteck in die Mischung. Es sollte im Handumdrehen wieder blank sein. Spüle das Besteck mit klarem Wasser und reibe es trocken. Nun kannst du dich über die Dankbarkeit deiner Eltern freuen; hoffentlich hast du sie zuvor gefragt.

Wissenschaft hilft auch bei der Küchenarbeit.

Dichte Gewichte

DENKST DU BEI MANCHEN LEUTEN, dass sie nicht ganz dicht sind? Das ist falsch; tatsächlich haben alle Teile unseres Körpers ebenso wie alle anderen Dinge eine ganz bestimmte Dichte – wie diese Experimente beweisen.

Flüssigkeiten in Schichten

Sirup, Wasser und Öl haben unterschiedliche Dichten. Da weniger dichte Flüssigkeiten auf dichteren treiben, kann man einen interessanten Dichten-Cocktail mischen (aber nicht trinken!).

Gieße Sirup in einen Glaskrug. Füge dann gleiche Mengen von Pflanzenöl und gefärbtem Wasser hinzu.

Dichte und Dichte

Lege ein Stück Metall und ein gleich großes Stück Kork nacheinander auf die Waage. Du wirst feststellen, dass Metall mehr wiegt als Kork. Das liegt daran, dass Metall dichter ist. Deshalb sinkt es im Wasser schneller als Kork oder eine Weintraube.

Färbe das Wasser mit Lebensmittelfarbe.

Sirup, Wasser und Öl sind von unterschiedlicher Dichte; deshalb setzen sie sich in Schichten ab.

Ist Kork dichter als Öl? Wie tief sinkt die Weintraube? Sinkt die Schraubenmutter oder schwimmt sie?

Die Flüssigkeiten bilden drei Schichten; die dichteste ist ganz unten, die leichteste oben. Nimm drei Gegenstände, z.B. eine Schraubenmutter, eine Traube und einen Korken, und wirf sie in den Krug. Was ist am dichtesten?

Ölspiele

Ein Tropfen Öl ist weniger dicht als ein Tropfen Wasser. Deshalb schwimmt er oben. Weil sich Öl und Wasser nicht vermischen, entstehen bei unserem Experiment fantastische Effekte.

Gieße in ein großes Glas etwa vier Finger hoch Wasser ein. Füge dann Öl hinzu (ein oder zwei Finger hoch). Was schwimmt oben, wenn sich alles gesetzt hat?

Gib zwei Tropfen Lebensmittelfarbe dazu. Was wird gefärbt: das Wasser oder das Öl?

Salzverhalten

Salz ist schwerer als Öl oder Wasser. Die Körnchen sinken auf den Grund und nehmen einzelne Öltropfen mit. Im Wasser löst sich das Salz auf. Dabei werden die Öltropfen frei und schweben wieder nach oben.

Öltröpfchen setzen sich auf Salzkörnchen und tauchen mit ihnen ab.

Streue etwas Salz auf die Oberfläche. Was passiert nun? Du kannst das Abtauchen des Öls verlängern, indem du ab und zu Salz nachstreust.

Miniboje

Ein Klumpen Knetmasse auf das Ende eines Strohhalms aufgesteckt ergibt ein Hydrometer, ein Instrument zur Messung von Dichte. Stecke es in verschiedene Flüssigkeiten und sieh zu, wie es schwimmt. Je weniger dicht die Flüssigkeit ist, desto tiefer sinkt die Knete. Welche Flüssigkeit ist am dichtesten?

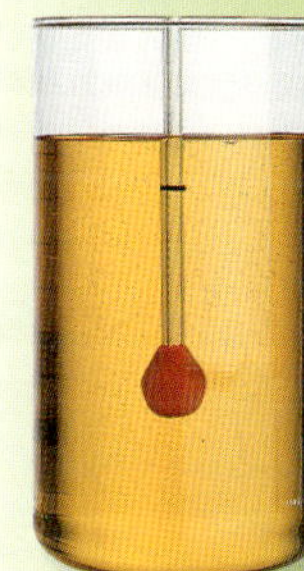

Lavalampen

Das Geheimnis dieser Lampen besteht darin, dass warmes Wachs weniger dicht ist als kaltes. In einem mit Flüssigkeit gefüllten Glas schwimmt etwas buntes Wachs. Unter dem Glas ist eine Glühbirne, die das Wachs erhitzt, so dass es nach oben treibt. Dort kühlt es ab, wird dichter und sinkt wieder ab. Das Spiel beginnt von neuem.

Klein gehackt

Da kommen die Tränen

Was passiert, wenn du eine Zwiebel hackst? Die Augen tränen. Aber warum? Dieses Experiment enthüllt das Geheimnis.

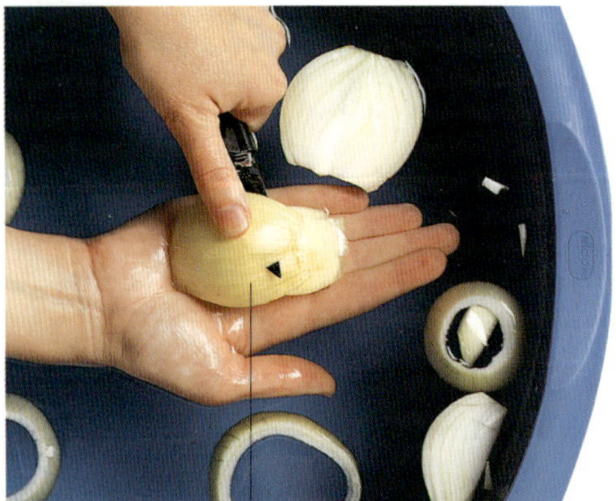

Das Wasser schützt dich vor dem „Gas" der Zwiebeln.

DAS ERFORSCHEN VON GEMÜSE bringt willkommene Abwechslung ins Labor. Dabei decken die Wissenschaftler nicht nur das geheime Leben der Pflanzen auf, sondern haben auch etwas zu knabbern.

Wenn ein Erwachsener das nächste Mal Zwiebeln hackt, kannst du fragen, ob ihr gemeinsam ein Experiment machen könntet. Schält zuerst eine Zwiebel unter Wasser. Dabei sollte das Brennen der Augen ausbleiben. Atme dann über den gehackten Zwiebeln einmal tief ein – und die Tränen werden laufen.

Den Tränen auf der Spur

Aus der aufgeschnittenen Zwiebel entweicht ein starkes Gas, das an der Luft zu Schwefelsäure wird. Diese Säure ist es, die in den Augen brennt. Wasser beseitigt das Gas weitgehend. Manche Zwiebeln sind sehr mild. Sie kommen aus Böden, die sie nicht scharf werden lassen, und brennen auch klein gehackt nicht in den Augen.

Berühre nicht mit „Zwiebelfingern" die Augen. Es wird nur schlimmer!

Schlürfender Sellerie

Wir verwenden Messer und Gabel, Tiere ihre Zähne und Klauen. Aber wie essen Pflanzen? Wir können es nicht sehen, denn es passiert in ihren Wurzeln und Blättern. Ein witziges Experiment aber zeigt, wie sie es machen.

Fülle ein hohes Glas zur Hälfte mit Wasser und füge Lebensmittelfarbe hinzu. Stelle Selleriestängel hinein und bringe das Glas an ein sonniges Plätzchen. Am nächsten Tag sind die Blätter bunt verfärbt, weil sie das Wasser aufgenommen haben.

Feine Kanäle im Stängel befördern das Wasser zu den Blättern.

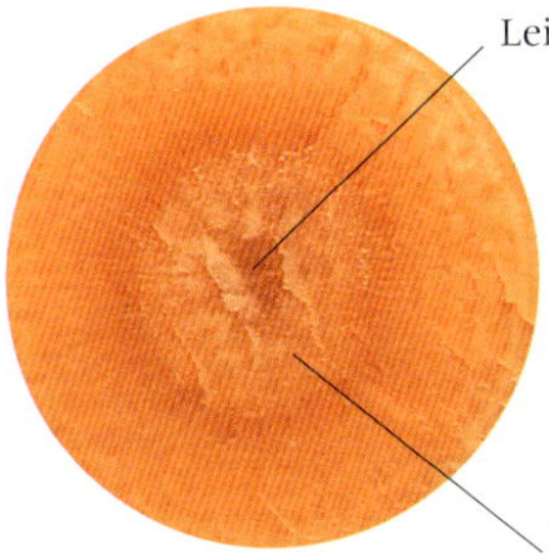

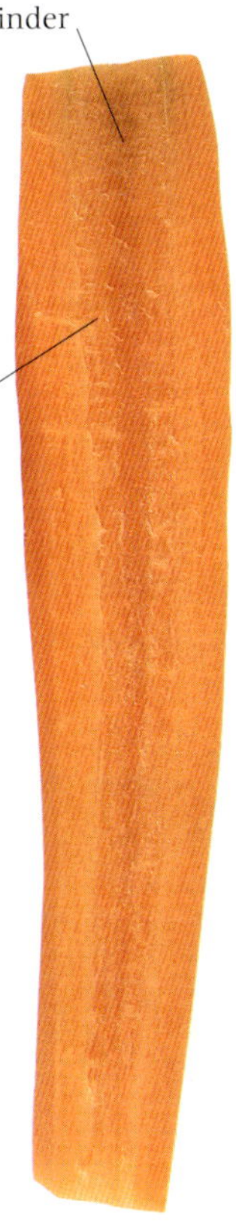

Kluge Möhren

Was ist das besondere an Möhren – abgesehen davon, dass sie viele Vitamine und Minerale enthalten?

Bitte einen Erwachsenen einige Möhren der Länge nach zu halbieren. Sieh dir die Muster der Kreise und Linien gut an. Weißt du, was sie sind?

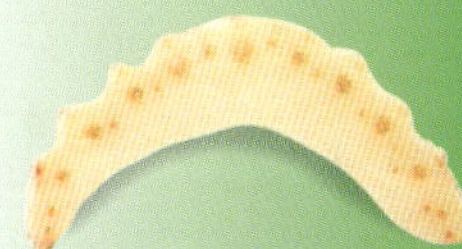

Selleriekunde

So ernährt sich der Sellerie: Vom Himmel herab scheint die Sonne auf die Blätter. Aus der Luft dringt Kohlendioxid in die Blätter ein. Das Wasser aus dem Glas vermischt sich mit beidem. Das Chlorophyll in den Blättern wandelt Sonnenlicht, Kohlendioxid und Wasser in Nährstoffe (genauer: in eine Art Zucker). Mit anderen Worten: Der Sellerie kocht sich sein Essen. Mit wissenschaftlichen Worten: Er ernährt sich durch „Photosynthese".

Möhrenkunde

Wurzeln ziehen Minerale und Wasser aus dem Boden. Wir essen von der Möhre die Wurzel. Der dunklere „Leitbündelzylinder" einer Möhre enthält Kanäle, die Wasser zu den Blättern transportieren und andere Kanäle, die Nährstoffe von den Blättern zu den Wurzeln bringen. Der hellere Teil der Möhre, die „Rinde", dient als Speicher für Nährstoffe, die später verwendet werden.

Kraftspiele

KRAFT IST Wissenschaftlern wichtig – und nicht nur ihnen. Ohne Kraft gibt es keine Bewegung und kein Halten. Bei diesen Experimenten siehst du, wie Wasserkraft Dinge bewegt, während Reibungskraft ihr Möglichstes tut, um sie zu stoppen.

Du kannst das Wasserrad für den Versuch aus zwei Plastiktellern basteln. Bohre bei beiden ein Loch durch die Mitte. Verbreitere die Löcher, so dass ein Bleistift als Achse durchpasst. Nimm sechs Deckel von Spraydosen. Befestige sie mit starkem Klebeband oder Alleskleber so am Tellerrand, dass ihre Öffnungen alle in die gleiche Richtung zeigen.

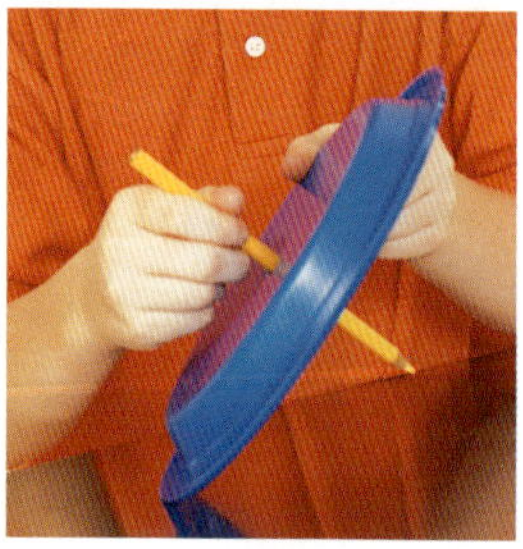

Wasserkraft

Mit Wasserrädern wird die Kraft des Wassers genutzt, um schwere Arbeiten zu erledigen. Früher trieben Wasserräder Mühlsteine an, die Getreide zu Mehl zerrieben. Wasserräder haben am Rand Schaufeln, gegen die das fließende Wasser drückt. Auf diese Art wird das Rad angetrieben.

Klebe den zweiten Teller über die Deckel. Die sechs Deckel sollten nun fest zwischen den Tellern sitzen. Stecke den Bleistift als Achse durch das Loch in der Mitte. Halte das Wasserrad an den Bleistifträndern unter den laufenden Wasserhahn.

Radkunde

Wasserräder gibt es schon seit mehr als 2000 Jahren. Das fließende Wasser treibt sie an wie eine Maschine. Je schneller es fließt, desto schneller und kraftvoller dreht sich das Rad. Achsen übertragen diese Kraft z. B. an den Mahlstein einer Mühle.

Luftdruck

Ein Ball wird nie endlos lange über den Boden rollen. Durch Reibung werden Dinge, die sich bewegen, langsamer. Reibungskraft entsteht immer, wenn sich zwei Dinge aneinander reiben: Ball und Boden, Bremse und Reifen usw. Allerdings lässt sich Reibung auch wegzaubern.

Für das Experiment brauchst du den abgeschnittenen oberen Teil einer weichen Plastikflasche. Bitte einen Erwachsenen, ein kleines Loch in die Verschlusskappe zu bohren. Blase anschließend einen großen Luftballon auf.

Drücke das Mundstück des Ballons zu und ziehe es vorsichtig über die fest auf das Oberteil der Plastikflasche geschraubte Verschlusskappe.

Wenn das Loch zu groß ist fliegt deine Luftkissenflasche wie eine Rakete in die Luft.

Wenn der Ballon fest sitzt, kannst du das Mundstück loslassen. Nun strömt Luft aus dem Ballon durch das Loch in der Veschlusskappe. Unter dem Flaschenteil entsteht ein Luftkissen. Sieh zu, wie die Flasche dahingleitet, fast ohne Reibung, die sie stoppt.

Ähnlich wie ein Ölfilm vermindert ein Luftkissen die Reibung.

Reibungskraft

Ohne Luftkissen erzeugt ein Luftkissenboot so viel Reibung, dass selbst mächtige Maschinen es nicht vorwärts bringen. Ein Luftkissen aber kann die Reibung fast völlig beseitigen. Deshalb sind wenige Propeller in der Lage, hunderte von Tonnen Stahl mit hoher Geschwindigkeit fortzubewegen.

Heiß und kalt

EIN WISSENSCHAFTLICHER LEHRSATZ besagt, dass alles von alleine abkühlt, aber nie von alleine warm wird. Ebenso wie Wasser nur bergab fließt, kann Temperatur von alleine nur sinken. Den Beweis erbringt ein köstliches Experiment.

Kälte aus Salz

So hat man früher Eiskrem hergestellt: mithilfe von Salz, Eis und den Naturwissenschaften.

Mische in einem kleinen Glas einen Esslöffel Sahne mit zwei Löffeln Milch und einem Löffel Schokopulver. Stelle das Glas in eine Schüssel und schichte rundherum abwechselnd Eis und Salz (1 Teelöffel Salz auf viermal so viel Eis).

Bedecke die Schüssel mit einem Küchentuch und lass die Mischung ruhen. Rühre sie immer wieder nach einigen Minuten um.

Nach einer Stunde kannst du das Glas herausnehmen und dein selbst gemachtes Schokoladeneis probieren. Warum es gefroren ist? Das Tuch hat das Einströmen warmer Luft in die gekühlte Schüssel verhindert. Salz lässt das Eis schnell schmelzen. Dabei entzieht das schmelzende Eis der Sahnemischung Wärme, so dass diese abkühlt und selbst gefriert.

Buttererbsen

Wärme fließt wie Straßenverkehr – mal schnell und mal langsam. Manche Materialien lassen Wärme schnell hindurchfließen: Sie sind gute Leiter. Andere halten Wärme auf. Sie sind Isolatoren. Bei diesem Versuch stellt sich heraus, was leitet und was isoliert.

Nimm einen Löffel aus Holz, einen aus Plastik, einen aus Metall und einen Strohhalm. Klebe mit etwas Butter je eine Erbse darauf. Stelle sie alle in einen Topf.

Gieße etwas heißes Wasser in den Topf. Welche Erbse, denkst du, wird zuerst hinunterfallen und in welcher Reihenfolge werden die anderen folgen? Welches Material leitet Wärme gut, welches isoliert am besten?

Wärmeleiter

Alle Dinge im Universum bestehen aus winzigen Teilchen. Wir nennen sie Atome. Wird ein Ende eines Leiters erwärmt, so flitzen die Atome darin herum wie aufgeregte Ameisen. Sie stoßen ihre Atomnachbarn an, bis diese auch herumsausen. Auf diese Weise wird Wärme von Atom zu Atom weitergegeben, bis der gesamte Leiter heiß ist. Metall ist ein guter Wärmeleiter; deshalb sind Töpfe und Pfannen aus Metall.

Anstelle von Schokopulver kannst du auch eine Prise Vanillinzucker in die Sahne einrühren.

Die niedrigste mögliche Temperatur liegt bei minus 273°C.

Hitzefalle

Kann Wärme nicht abfließen, bleibt das, was warm ist, warm; daher kann eine Thermosflasche ein Getränk den ganzen Tag über heiß halten. Stimmt das? Wir probieren es aus!

Wickle und klebe zwei Lagen Alufolie rund um ein kleines Glas (glänzende Seite nach innen). Gieße heißes Wasser in das Glas und schraube es zu.

Lege ein Stück Kork in ein großes Glas. Stell das kleine Glas darauf und schraube den Deckel zu. Das Wasser bleibt stundenlang heiß, weil kaum Wärme entweichen kann.

Kristalle züchten

EIN NATURGESETZ KÖNNTE LAUTEN: „Wenn es nicht lebendig ist, könnte es ein Kristall sein.“ Tatsächlich besteht fast alles außer den Lebewesen aus Kristallen – Steine, Metalle, Schneeflocken, Sandstrände und sogar Salz und Zucker.

Über Kristalle

Alle Kristalle haben ebene Oberflächen und scharfe Kanten. Viele sehen wie kleine Schachteln aus, weil ihre Atome ordentlich und geometrisch zusammengefügt sind. Die meisten sieht man nur unter dem Mikroskop.

Kristalle vorbereiten

Der erste Schritt besteht darin, eine wässrige Lösung anzusetzen. Wir verwenden hier Bittersalz, weil daraus sehr schöne spitze Gebilde entstehen.

Rühre einen Esslöffel Bittersalz in fünf Esslöffel warmes Wasser ein, bis es sich ganz aufgelöst hat. Gieße die Lösung dann in einen dunklen flachen Teller und stelle ihn in die Sonne.

Das Wasser verdunstet und am Boden des Tellers wachsen kleine Kristallnadeln. Es sind Bittersalzkristalle (oder wasserhaltiges Magnesiumsulfat, wie Chemiker sagen). Wasche dir nach dem Experiment gründlich die Hände.

Lass Kristalle wachsen

Wer Kristalle züchtet, braucht Geduld. Man sät und düngt sie nicht; stattdessen löst man Salz in Wasser auf und erhält eine so genannte wässrige Lösung.

Setze eine Salzlösung an, indem du in ein Glas mit warmem Wasser sehr viel Salz einrührst. Gieße etwas von der Lösung in einen Teller. Lass das Wasser eine Woche lang verdunsten. Umwickle dann den größten Kristall mit einem Faden und hänge ihn an einem Stift in das Glas mit der Lösung.

Ein kleiner Kristall ist wie ein Samen. Während das Wasser verdunstet wächst im Laufe der Wochen daraus ein großer Kristall.

Zapfen aus Kristallen

Im Laufe von Jahrtausenden lässt Wasser in Höhlen große Säulen aus Mineralien entstehen. Wenn sie von der Decke hängen, nennt man sie „Stalaktiten". Wachsen sie aber vom Höhlenboden nach oben, dann heißen sie „Stalagmiten". Hier zeigen wir, wie sich ein Stalaktit züchten lässt. Keine Angst: Es dauert keine 1000 Jahre, sondern nur eine Woche.

Von den Stalaktiten

Im Boden versickerndes Wasser löst Kalkgestein auf. Wenn es dann von der Decke einer Höhle tropft, hinterlässt es eine dünne Kruste aus Kalkrückständen. Allmählich wird aus der Kruste ein langer Stalaktit.

Fülle zwei Gläser mit warmem Wasser. Füge Natron hinzu und rühre um, bis sich alles aufgelöst hat.

Nimm ein Stück dicken Wollfaden und binde an jedes Ende eine Büroklammer. Lass die Enden des Fadens so in die Gläser gleiten, dass er sie verbindet. Stelle einen Teller auf die Stelle, über der der Faden am tiefsten hängt. Der Versuch dauert mehrere Tage.

Quarz ist der **verbreitetste** aller Kristalle.

Die Natron-Lösung tränkt den Faden. Dort wo er am tiefsten hängt, tropft Lösung herab. Jeder Tropfen hinterlässt etwas Natron und mit jedem Tropfen wächst die Ansammlung von Kristallen. Nach einigen Tagen hängt von dem Faden ein weißer Stalaktit herab.

Vielleicht wächst auf dem Teller sogar ein kleiner Stalagmit.

Überall Wasser

WASSER IST IN DER KÜCHE sehr wichtig. Aber hast du schon einmal darüber nachgedacht, wie oft es sich verändert? Erwärme es und kühle es ab – und pass auf, was damit geschieht.

Das Leichte nach oben

Ist warmes Wasser leichter als kaltes? Und wenn es leichter ist, schwimmt es dann oben? Du kannst bei diesem Experiment ganz schön nass werden und die Küche unter Wasser setzen, aber du wirst eine Antwort auf diese Fragen bekommen.

Veränderungen

Bei diesem Experiment brauchst du eigentlich gar nichts Besonderes zu tun: Bleibe nur eine Zeit lang in der Küche und beobachte die erstaunlichen Verwandlungen, die Wasser durchmacht.

Wird Wasser stark genug erhitzt, entweicht es in Form von Wasserdampf. In höheren Luftschichten mischt sich der Wasserdampf mit Wolken und anderen Formen von Feuchtigkeit.

Dampf

Beobachte die Tropfen, die aus einem undichten Hahn herabfallen. In diesem Zustand sehen wir Wasser am häufigsten, obwohl es nur bei Temperaturen zwischen 0 °C und 100 °C flüssig ist.

Wasser

Blick ins Eisfach. Darin beträgt die Temperatur minus 15 °C oder weniger. Unter 0 °C gefriert Wasser zu Eis. Deshalb sind die nördlichen Polarmeere den größten Teil des Jahres über mit Eis bedeckt.

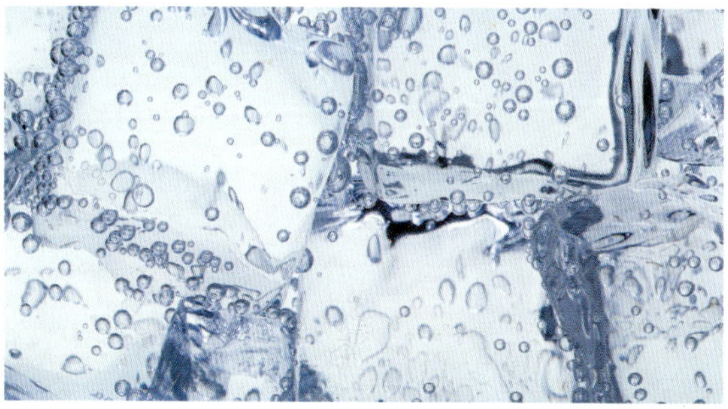

Eis

⚠ **Suche zwei** genau gleich große Gläser. Fülle eins mit heißem Wasser und füge einen Tropfen rote Lebensmittelfarbe hinzu. Fülle das andere mit kaltem Wasser und färbe es blau. Die Gläser müssen so voll sein, dass sie beinahe überfließen.

Wasserwissen

Heißes Wasser hat eine geringere Dichte als kaltes Wasser. Weil Dinge mit geringerer Dichte auf solchen mit großer Dichte schwimmen, bleibt das heiße Wasser oben. Das spielt im Meer eine große Rolle: warme Strömungen fließen so rund um die Welt.

Lege vorsichtig ein viereckiges Stück Karton auf das Glas mit dem roten Wasser. Es sollte an allen Seiten über den Glasrand hinausragen. Dann muss alles sehr schnell gehen. Hebe das rote Glas hoch und drehe es blitzschnell um. Wenn du es richtig machst, wird das Wasser den Karton festhalten. Wenn nicht, wirst du ziemlich nass.

Übe vorher mehrmals das Umkippen des oberen Glases (vielleicht in der Badewanne).

Stelle das rote Glas genau auf das blaue. Halte sie zusammen und bitte einen Helfer, vorsichtig den Karton herauszuziehen. Was passiert? Wiederhole den Versuch und stelle dieses Mal das blaue Glas auf das rote. Was geschieht nun?

Unter Druck

WIE IN DER NATUR fließt auch in unserem Labor Wasser bergab. Es braucht dazu freie Bahn und gerade so viel Druck, dass es in Bewegung gerät. Von da an fließt es, bis es den niedrigsten erreichbaren Punkt gefunden hat.

Saugheber für Saft

Ein Saugheber ist eine Pumpe, die allein durch die natürlichen Gegebenheiten funktioniert. Deshalb fließt Flüssigkeit darin nur in eine Richtung: von oben nach unten.

Hänge in einen Krug mit Saft einen sauberen Schlauch hinein. Sauge am anderen Ende an, bis der Saft deine Lippen fast erreicht hat. Halte den Schlauch dann schnell zu.

Nützliche Saugheber

Nach dem Ansaugen schiebt die Wassersäule im kürzeren Teil des Schlauches solange Flüssigkeit nach, bis die Flüssigkeit im Krug auf gleicher Höhe mit dem unteren Schlauchende ist. Auf diese Weise kannst du leicht aus einem Saftkrug viele Gläser füllen.

Wenn der Saft erst einmal fließt, gibt es kein Halten mehr.

Verteile den Saft mit dem Schlauch auf alle Gläser.

Geh mit dem Ende des Schlauchs über ein Glas. Der Flüssigkeitsspiegel im Krug muss höher sein als dein Schlauchende. Jetzt nimm den Daumen weg. Der Saft wird aus dem Krug und in das Glas fließen.

Überraschung!

Mit diesem Versuch kannst du deinen Freunden einen Streich spielen. Du bietest ihnen Wasser an – aber es wird nicht in ihrem Mund enden! Fülle eine Plastikflasche randvoll mit Wasser. Schraube den Verschluss gut zu. Lege dann die Flasche hin und bohre auf der Mitte mit einem Kuli ein Loch hinein.

Noch raffinierter ist es, das Opfer das Loch bohren zu lassen, ohne zu sagen, wozu es dient.

Halte die Flasche so, dass das Loch dem Opfer zugewandt ist. Biete einen Schluck Wasser an. Solange die Flasche verschlossen ist, dringt aus dem Loch kein Wasser, da oben keine Luft hineinkommt. Schraube dann den Verschluss ab. Sofort spritzt aus dem kleinen Loch ein Wasserstrahl.

Je niedriger das Loch in der Flasche sitzt, desto höher ist der Druck von oben und desto weiter spritzt das Wasser.

Die Kraft der Luft

Verblüffe deine Freunde mit einem wissenschaftlichen Trick. Behaupte, dass du einen Ball hochheben kannst, indem du darauf bläst. Sie werden es nicht glauben, bis sie es selbst sehen.

Bohre ein Loch in den Boden eines kleinen Jogurtbechers. Stecke einen Strohhalm hinein und dichte es mit Knetmasse ab.

Luft und Druck

Wird Luft beschleunigt, dann nimmt ihr Druck stark ab. Sofort drängt die Luft rundherum in die entstandene Lücke. Wenn du in den Becher bläst, versucht also andere, nicht beschleunigt Luft, aufzusteigen. Weil der Ball der Luft dabei im Weg ist, wird er nach oben gedrängt – obwohl du nach unten bläst.

Halte den Becher über einen Tischtennisball und blase stark. Unten muss die Luft rauskönnen. Der Ball schwebt im Becher nach oben und dreht sich!

Strom machen

NICHT NUR BEI GEWITTER blitzt es, auch wenn du deine Haare kämmst. Beides Mal entsteht Elektrizität. Beim Kämmen knistert es nur leise, aber richtige Gewitterblitze sind fünfmal so heiß wie die Oberfläche der Sonne.

Haarblitz

Bei diesem Experiment wird der kleinste Blitz erzeugt, den du je gesehen hast. Es geht um statische Elektrizität; sie entsteht dort, wo zwei Dinge aufeinander reiben.

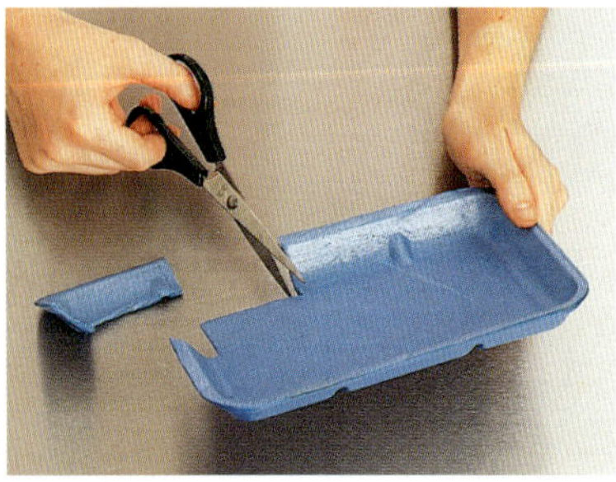

Schneide aus einem Styroportablett, wie auf dem Foto gezeigt, eine Ecke aus.

Blitze erzeugen Überschall-druckwellen, die wir als Donner bezeichnen.

Klebe die Ecke mit Klebeband als Griff in die Mitte einer Backform aus Aluminum. Reibe mit dem übrigen Tablett rasch und fest deine Haare.

Stell das Tablett umgekehrt auf den Tisch. Fass die Form NUR am Griff an und lass sie aufs Tablett fallen. Berühre mit einem Finger vorsichtig das Blech. Du wirst einen Funken fliegen sehen. Im Dunkeln siehst du sogar seine Farbe!

Kleine und große Blitze

Indem du das Tablett an deinem Haar reibst, lädst du es elektrisch auf. Das Blech übernimmt etwas von der Ladung des Tabletts. Wenn du es berührst, springt die Ladung als Funke zu dir über. Passiert dies bei Gewitter zwischen Wolken, so entsteht ein Blitz.

Streue Salz und Pfeffer auf einen Teller. Reibe einen Plastikstift kräftig mit einem Wolltuch. Dadurch lädst du ihn elektrisch auf. Schwenke dann den Stift langsam dicht über dem Teller. Der Pfeffer springt hoch und klebt daran fest, das Salz bleibt liegen.

Entpfeffern

Salz und gemahlene Pfefferkörnchen lassen sich auf zwei Arten trennen: sehr langsam mit den Fingern oder ganz schnell durch statische Elektrizität. Pfeffer wiegt nämlich weniger als Salz.

Pfeffer und Salz werden beide angezogen. Weil gemahlener Pfeffer aber leichter ist, springt er als Erster hoch. Hältst du den Stift zu niedrig, bleibt auch das Salz daran haften.

Wasser und Strom

Auch Wasser fühlt sich von Strom angezogen. Bei diesem Versuch wird der gerade Strahl aus dem Hahn durch statischen Strom gebogen.

Reibe einen Ballon fest an deinem Haar. Halte ihn dann nahe an einen dünnen Wasserstrahl. Das Wasser wird von der Elektrizität angezogen und der Strahl krümmt sich. Wie anziehend bist du? Reibe ein paar Luftballons an deinem Haar und lasse sie an dir kleben.

Anziehende Griechen

Statische Elektrizität wurde zuerst vor etwa 2600 Jahren in Griechenland erforscht. Ein Philosoph namens Thales stellte fest, dass Bernstein Strohstückchen anzog, wenn er ihn zuvor mit einem Tuch abgerieben hatte. Von *elektron*, dem griechischen Wort für Bernstein, ist unser Begriff *Elektrizität* abgeleitet.

Gewaltige Funken

Blitze können entstehen, wenn Wassertropfen und Eiskristalle in einer Wolke heftig umhergewirbelt werden, so dass sie sich mit statischer Elektrizität aufladen. Am oberen und unteren Rand einer Wolke sammeln sich positive und negative Ladungen, bis die gegenseitige Anziehung so stark wird, dass ein Blitz überspringt (wie der kleine Funke zwischen dem Blech und deinem Finger).

Hart und weich

STELL DIR EINMAL ETWAS HARTES VOR. Kannst du dir auch vorstellen, was damit passiert, wenn du es erhitzt oder abkühlst? Viele Dinge machen erstaunliche Verwandlungen durch, wenn wir ihre Temperatur verändern.

Lege ein Stück der Schokolade in den Kühlschrank.

Alles schmilzt

Man kann alles zum Fließen bringen, wenn man es nur hoch genug erhitzt. Jedes Ding hat seinen eigenen Schmelzpunkt. Eis schmilzt bei 1 °C, Blei bei 328 °C. Eisen muss 1539 °C heiß werden, damit es schmilzt.

Harte Sache

Mache mit einem Freund ein Schokoladenexperiment. Lege ein Stück Schokolade in den Kühlschrank, ein anderes Stück an einen warmen Ort. Am nächsten Tag wird gegessen. Versuche, in die gekühlte Schokolade zu beißen. Vorsicht! Sie könnte steinhart sein. Das Stück, das im Warmen lag, ist dagegen ganz schön klebrig.

Auch geschmolzen ist es immer noch Schokolade!

Es klappert, wenn kalte Schokolade gegen den Teller stößt.

Hart werden

Nimm ein Stück Brot. Fühlst du, wie weich und biegsam es ist? Stecke zwei Scheiben in den Toaster und schalte ihn ein. Was fällt dir auf, wenn sie fertig und abgekühlt sind? Natürlich: Toast ist härter und knuspriger als frisches Brot und auch viel trockener.

Toast ist eine hübsche Bezeichnung für leicht angebranntes Brot. Durch das Rösten bildet sich eine Schicht Asche (die braunen und schwarzen Körnchen), ähnlich wie bei Holz oder Papier im Feuer. Dabei verdunstet die Flüssigkeit, die das Brot weich gemacht hatte. Was zurück bleibt, ist warm und knusprig.

Wärme lässt manche Dinge hart und andere weich werden.

Fest werden

Ein rohes Ei ist eine sehr flüssige Angelegenheit. Durch Kochen in Wasser (lass dir dabei helfen) wird das Eiweiß nach ein paar Minuten hart. Damit auch das Eigelb hart wird, muss die Kochzeit etwas länger sein. Hitze kann also auch Flüssigkeiten fest werden lassen.

Nasser werden

Halte einen Eiswürfel ein paar Minuten lang in der Hand. Erst ist er trocken; dann wird er schnell sehr nass. Wenn Eis erwärmt wird, verändert es seinen Zustand von fest zu flüssig.

Toastkunde

Im Toaster verbrennt die Brotsscheibe ein bisschen. Das Brennen ist ein chemischer Vorgang, bei dem der Sauerstoff der Luft mit Chemikalien im Brot reagiert. Dabei entstehen Hitze, Rauch und Asche.

Saft, Steine, Luft

Apfelsaft ist flüssig, Steine sind fest und Luft ist gasförmig. Jede Substanz ist entweder gasförmig, flüssig oder fest: Sie nimmt einen von drei Aggregatzuständen an. Unter bestimmten Bedingungen kann Apfelsaft auch fest oder gasförmig sein. Im Eisfach gefriert er über Nacht zu einem festen Eisbrocken. Wenn man ihn dagegen lange in einem offenen Topf kocht wird er zu Dampf, also gasförmig, und entweicht in die Luft.

Jede Substanz kann ihren Aggregatzustand verändern. Wenn der Schmelzpunkt erreicht ist, wird auch Stein flüssig. Bei Vulkanausbrüchen fließt Lava die Hänge hinunter. Und im kalten Weltall würde sich Luft in einer Flasche in eine eisige Flüssigkeit verwandeln.

Licht-Spiele

LICHT IST GANZ SCHÖN NÜTZLICH. Ohne Licht könntest du dieses Buch nicht lesen. Wird Licht gebrochen, dann können die Dinge größer erscheinen. Manchmal spaltet es sich in viele Farben. Dann siehst du einen Regenbogen.

Farbendetektive

Viele Farben sind keine Grundfarben, sondern aus diesen gemischt. Dieses Experiment hilft, Grundfarben von gemischen zu unterscheiden.

Nimm eine Hand voll Schokodragees und suche drei Farben aus. Lege immer einige von gleicher Farbe in ein Schälchen und gib etwas Wasser dazu. Dreh sie um, so dass die Farbe abgeht und sich mit dem Wasser vermischt. Schneide Kaffeefilter in Streifen und lege in jedes Schälchen einen. Langsam verfärbt sich der Streifen und die Farben trennen sich.

Von den Farben

Licht besteht aus unterschiedlich langen Wellen. Unsere Augen sehen jede Länge als Farbe. Die kürzesten für uns sichtbaren Wellen wirken für uns lila. Die längeren sehen wir als Blau, Grün, Gelb und Rot. Die längsten für uns sichtbaren Wellen sehen wir als Tiefrot.

Wackelbrille

Wusstest du, dass man aus einem Nachtisch eine Lupe machen kann? Ein angenehmes Experiment – besonders wenn du gerne Gelee isst.

Nimm eine große Packung Götterspeise. Sie sollte gelb oder jedenfalls möglichst hell sein. Bitte einen Erwachsenen 200 ml Wasser zu kochen und in einen Krug zu gießen. Schütte das Geleepulver in eine Schüssel und gieße das Wasser behutsam darüber. Rühre so lange, bis sich das Pulver aufgelöst hat.

Schöpfe etwas davon mit einem großen Löffel ab, wenn die Mischung abgekühlt ist. Stelle den Löffel auf einem Teller in den Kühlschrank.

Vier Stunden später sollte die Götterspeise fest sein. Stürze den Löffel auf einen nassen durchsichtigen Teller. Kleinere Löffel kannst du auch über durchsichtigem Plastik stürzen (z.B. einem Kassettenhüllendeckel). Wenn du über die Rückseite des Löffels heißes Wasser laufen lässt, löst sich das Gelee leicht ab.

Vergrößerungskunde

Der Löffel formt das Gelee zu einer halb runden Linse, die Lichtstrahlen sammelt wie eine Lupe. Die Lichtstrahlen fallen hindurch und breiten sich dabei aus. Dadurch erscheint alles, was du durch diese Geleelinse betrachtest, viel größer.

Brillen gibt es seit 700 Jahren in Europa.

Halte den Geleeklumpen über einen Text oder Bilder und du wirst sehen, dass er wie eine Lupe wirkt. Zwei Klumpen Gelee zusammen ergeben also eine Brille.

Die gebogene Oberfläche des Gelees sammelt die Lichtstrahlen so, dass Dinge vergrößert werden.

Künstlicher Regenbogen

Du kannst in durchsichtigem Plastik Farben entdecken. Dazu brauchst du eine Sonnenbrille. Lass helles Licht auf eine Kassettenhülle scheinen und betrachte sie durch die Sonnenbrille. Auf der Plastikhülle müsstest du die Farben des Regenbogens sehen können. Die Sonnenbrille filtert die Strahlen heraus, die wir als weißes Licht sehen; die bunten Farben bleiben.

Rätselhafter Regenbogen

Regenbögen erscheinen, wenn die Wolken sich verziehen und Sonnenstrahlen auf die letzten Regentropfen fallen. Die Lichtwellen werden verschieden lang gebrochen und wir sehen sie deshalb als unterschiedliche Farben.

Geschmackvoll

MENSCHEN HABEN FÜNF SINNE. Es ist sehr wichtig, dass wir riechen, schmecken, sehen, hören und tasten können. Ohne Geruchs- und Geschmackssinn wüssten wir z.B. gar nicht, wie Eis und Pizza schmecken.

Fülle vier Eierbecher zur Hälfte mit Wasser. Träufle in den ersten Zitronensaft, rühre zwei Teelöffel Zucker in den zweiten, zwei Teelöffel Salz in den dritten und etwas bittere Tonic-Limonade in den letzten.

Zungenkarte

Auf der Zunge sind tausende kleiner Geschmacksknospen. Sie zeigen den Unterschied zwischen „Mmh!" und „Igitt!" an. Dieser Versuch macht deutlich, was deine Zunge kann.

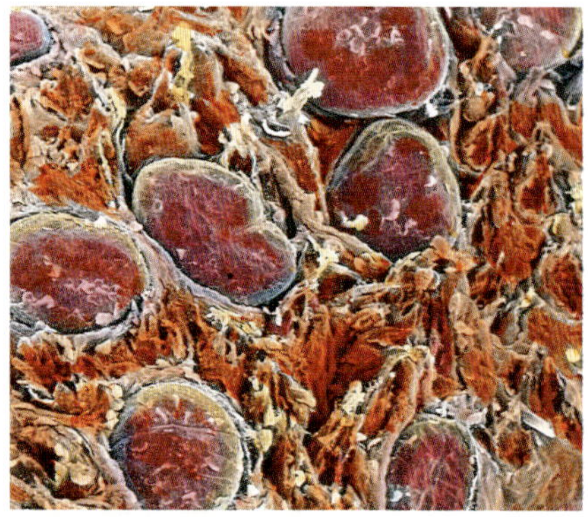

Zarte Knospen
Wir verdanken den Geschmacksknospen, dass wir etwas schmecken. Sie liegen zwischen den Papillen auf der Oberfläche der Zunge. Nervenenden in den Knospen nehmen einen Geschmack wahr und senden Informationen ans Gehirn.

Tupfe die Zunge zwischen den Geschmacksproben mit Küchenpapier ab.

Die Fläche in der Zungenmitte kann so gut wie nichts schmecken.

Tränke je ein Wattestäbchen mit den verschiedenen Mischungen. Betupfe damit Mitte, Seiten, Spitze und hinteren Teil der Zunge. Wo kannst du salzig, süß, sauer und bitter am besten schmecken?

Blindes Schmecken

Beim Schmecken ist die Nase ebenso wichtig wie die Zunge. Deshalb schmeckt man fast nichts, wenn man erkältet ist. Unser Versuch beweist es.

Gieße drei verschiedene Fruchtsäfte in drei Gläser. Lass dir von einem Helfer die Augen verbinden und probiere aus allen drei Gläsern.

Spüle zwischen einem Saft und dem anderen den Mund mit Wasser aus.

Halte dir jetzt die Nase zu und probiere noch einmal. Ist es so schwieriger? Mit offener Nase lassen sich die Geschmäcker leichter auseinander halten. Mit zugehaltener Nase kommt es einem vor, als hätten alle Säfte den gleichen faden Geschmack.

Zungenatlas

Wir können hunderte von Speisen am Geschmack unterscheiden; dabei kennt die Zunge nur vier Geschmacksrichtungen: süß, sauer, salzig, bitter. Die meisten Geschmacksknospen sitzen hinten und seitlich.

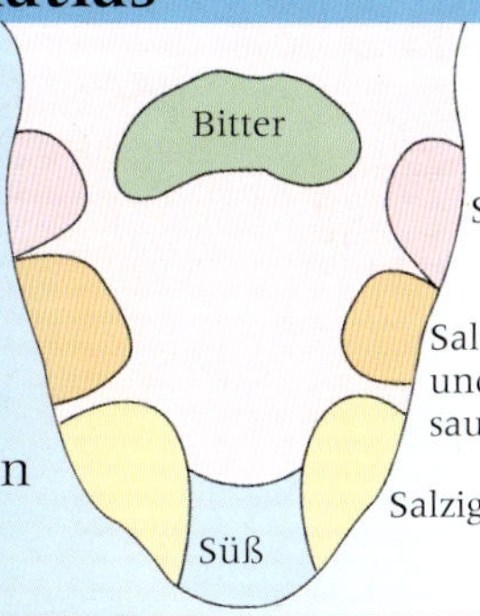

Geruchskunde

Wir nehmen Gerüche durch eine Schleimhaut oben in der Nase wahr; hier sitzen auf zwei briefmarkengroßen Flecken etwa 10 Millionen Riechzellen. Wenn ein Geruch sie streift, senden sie eine Nachricht an das Gehirn, das sich sehr gut an alle möglichen Gerüche erinnert.

Tastsinn

Kannst du ertasten, ob etwas heiß oder kalt ist? Probiere es mit diesem Versuch aus.

Nimm drei Gläser und fülle eins davon mit heißem Wasser. Fülle das zweite mit kaltem Wasser und Eis. In das dritte Glas kommt eine Mischung aus heiß und kalt. Stecke einen Finger ins heiße Wasser und einen ins kalte. Lass sie eine Minute lang drin.

Halte den heißen Finger nun ins warme Wasser. Es wird sich kalt anfühlen, weil es nicht so warm wie dein Finger ist. Tauche den kalten Finger ins warme Wasser. Es sollte sich heiß anfühlen. Wir fühlen nämlich nur, ob etwas heißer oder kälter als unsere Haut ist.

Geräusche sehen

GERÄUSCHE BEWEGEN DIE DINGE und obwohl du Geräusche nicht sehen kannst, kannst du sehen, wie sie wirken. Diese Experimente zeigen, dass es wirklich Schallwellen gibt, die durch die Luft fliegen.

Über die Schallwellen

Das Blech vibriert noch, nachdem du draufgeschlagen hast. Mit ihm zusammen erzittert auch die es umgebende Luft. Diese Vibrationen sind die Schallwellen. Sie breiten sich in alle Richtungen aus. Wenn sie die Blechdosentrommel erreichen, lassen sie auch diese vibrieren, so dass der Zucker hüpft. Einige dieser Schallwellen erreichen das Trommelfell in deinem Ohr. Wenn dies ebenfalls vibriert, deutet das Gehirn dies als Geräusch.

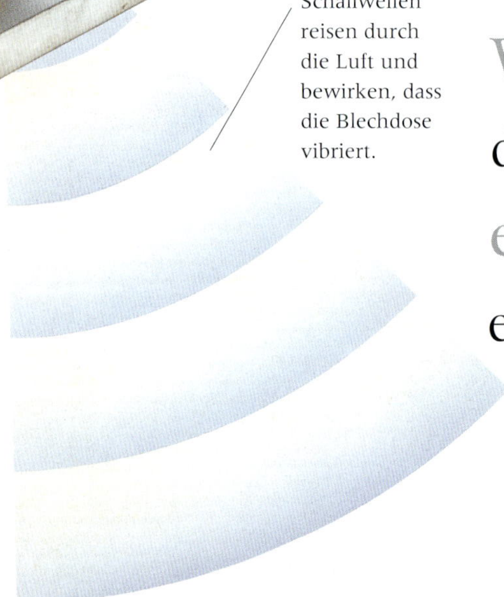

Schallwellen reisen durch die Luft und bewirken, dass die Blechdose vibriert.

Wenn du auf das Blech schlägst, erzittert es und erzeugt Schallwellen.

Schneide eine große Plastiktüte seitlich so auf, dass du damit eine Blechdose abdecken kannst. Spanne das Plastik über die Dose und befestige es mit einem Gummiband. Das Plastik muss so straff wie ein Trommelfell sein. Lasse etwas braunen Zucker darauf rieseln. Halte ein Backblech nahe an die Dose und trommle mit einem Holzlöffel darauf herum. Was passiert mit dem Zucker?

Trommelschläge
Geräusche entstehen dadurch, dass etwas vibriert; manchmal sieht man diese Vibrationen oder Schwingungen und manchmal nicht. Wenn große Kesselpauken geschlagen werden, sieht man, wie die Felle erzittern.

Der Zucker auf dem Plastik hüpft rauf und runter, als wollte er zu deinem Getrommel tanzen.

Luftgewehr

Hier stellen wir ein Luftgewehr vor, das eine Kerze auslöschen kann. Es schießt nicht mit Kugeln, sondern mit Schallwellen.

Befestige die Kerze mit etwas Knetmasse am Teller, damit sie nicht wackelt. Jede Art von Kerze eignet sich.

Schneide zwei Kreise aus einer Plastiktüte aus. Bohre durch das eine mit dem Bleistift ein Loch. Spanne die Kreise über die beiden Enden einer Papprolle und befestige sie mit Gummibändern. Klebe sie bei Bedarf zusätzlich mit Klebeband fest. Stelle eine Kerze auf einem Teller auf und bitte einen Erwachsenen, sie anzuzünden.

Halte das Luftgewehr nahe an die Kerze und ziele mit dem kleinen Loch auf die Flamme. Schlage mit der flachen Hand auf das hintere Ende. Wie reagiert die Flamme? Die vibrierende Plastikhaut löst in dem Papprohr eine Druckwelle aus.

Die Druckwelle presst sich mit so viel Kraft durch das Loch, dass sie die Flamme löscht.

Mächtiger Klang

Was können Schallwellen noch, außer eine Kerze löschen und Zucker zum Tanzen bringen? Laute Geräusche können eine Schneebank in eine Lawine verwandeln. Das ist ein Grund, im Hochgebirge sehr vorsichtig zu sein. Ölsucher führen mit Dynamit unterirdische Sprengungen durch. Dabei prallen die Schallwellen von den Felsschichten ab. Der Klang des Echos hilft herauszufinden, wo Erdölvorkommen sind.

Fixer Lärm

Die Düsentriebwerke eines Jets sind so laut, dass das Bodenpersonal ohne Gehörschutz davon taub werden würde. Der Schall bewegt sich mit etwa 340 m in der Sekunde durch die Luft (ein bisschen schneller als die meisten Passagierjets). In Meereswasser ist er fünfmal schneller. Kriegsschiffe senden Schallwellen aus, um U-Boote aufzuspüren.

Hör-Geräte

GERÄUSCHE HÖREN WIR NUR DESHALB, weil bewegte Luft unsere Ohren trifft. Geräusche entstehen, wenn etwas vibriert – dann erzittert die Luft und es werden Schallwellen erzeugt.

Bohr je ein kleines Loch in die Böden von zwei Plastikbechern. Nimm dazu einen spitzen Bleistift oder einen Kuli.

Telefon

Schall durchquert nicht nur die Luft, sondern auch feste Körper. Deshalb genügt eine Schnur, um ein einfaches Telefon zu bauen. Dieses hier eignet sich besonders zum Anvertrauen von Geheimnissen, weil du mit einem Freund flüstern kannst, ohne dass euch jemand hört.

Eine Schnur von 5 m Länge ist genau richtig. Feuchte das eine Ende an. So kannst du es besser durch das Loch im Becher fädeln.

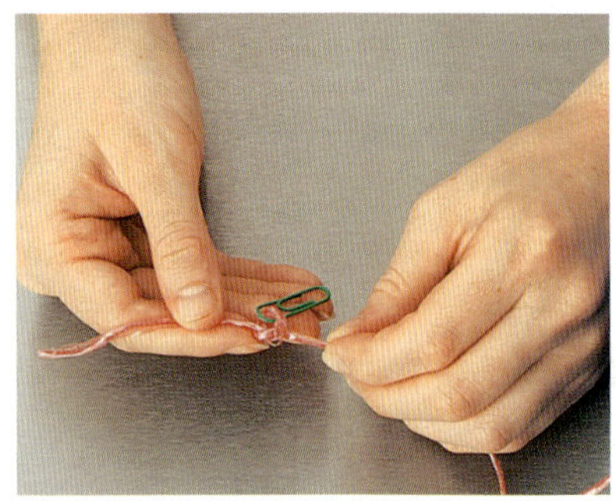

Binde eine Büroklammer an das Ende der Schnur, damit es nicht aus dem Loch rutscht. Wiederhole das beim zweiten Becher.

Du kannst deinen Gesprächspartner nur hören, wenn die Schnur straff gespannt ist.

Gib deinem Freund den anderen Becher und gehe rückwärts, bis die Schnur gespannt ist. Jetzt könnt ihr ein Ferngespräch führen. Wenn ihr in den Becher sprecht, vibriert die Luft darin und versetzt die Schnur in Schwingungen. Diese reisen entlang der Schnur in den anderen Becher. Dadurch vibriert dieser und ebenso die darin enthaltene Luft. Deshalb kann dein Freund hören, was du sagst.

Die kleinsten Knochen des Körpers sind in den Ohren.

Grillophon

Dies ist der Beweis, dass Schall in festen Körpern besser vorwärts kommt als in Luft.

Spiele auch mit anderen Dingen. Dann merkst du, ob sich der Klang ändert. Unterschiedliche Küchengeräte erzeugen höhere oder tiefere Töne.

Biege zwei Drahtkleiderbügel zu Rauten. Befestige ein Bratenrost daran. Die obere Ecke der Raute soll über deinem Finger hängen, den du dir in die Ohren steckst. Jetzt spielt dein Freund mit einem Holzlöffel auf dem Bratenrost. Ganz schön laut, nicht wahr? Die Schallwellen bewegen sich vom Metall direkt zu deinem Schädelknochen – und in dein Innenohr.

Schall und Klang

Je dichter zusammen sich Schallwellen bewegen, desto höher sind die Töne, die wir hören. Die Flaschen unten klingen umso höher, je weniger Luft die Flasche enthält. Deshalb kann man mit der vollsten Flasche den höchsten Ton erzeugen.

Etwas Lebensmittelfarbe in den Flaschen kann nicht schaden.

Flaschenorgel

Stelle mehrere gleich große Flaschen in einer Reihe auf und gieße unterschiedliche Mengen Wasser hinein. Prüfe ihren Klang, indem du von oben in die Flaschen bläst. Dadurch versetzt du die Luft darin in Schwingungen. Aus welcher Flasche kommt der höchste Ton?

Gehör-Kunde

Wenn jemand zu dir spricht, dringen vibrierende Luftwellen in deine Ohren. Dadurch wird das Trommelfell in Schwingungen versetzt, die es an die Gehörknöchelchen und das Innenohr weitergibt. Hier befinden sich Zellen mit feinen Härchen; sie wandeln die Schallwellen in Nervensignale um und senden sie über den Gehörnerv zum Gehirn.

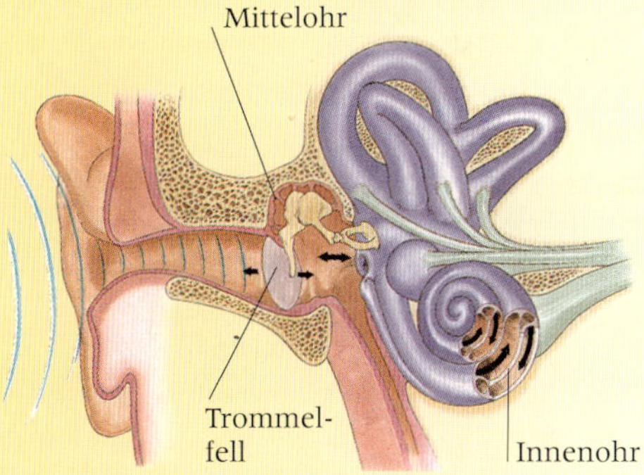

Register

Dank

Chris Maynard hat bereits 55 Kinderbücher geschrieben. Mit *The World of Weather* gewann er 1996 den Rhone-Poulenc-Preis für wissenschaftliche Jugendbücher; sein *Informania Sharks* errang 1998 den zweiten Platz beim Wettbewerb um den TES Senior Information Book Award. Seit kurzem gestaltet er auch Websites.

Dorling Kindersley dankt den folgenden Personen für ihre Unterstützung bei der Entstehung dieses Buches: Trish Gant und Gary Ombler für zusätzliche Fotos; Fotassistentin Tracey Simmonds; Lara Tankel Holtz, die ihre Küche zur Verfügung stellte; Suzie Leaman für ihre verständnisvolle Hilfe bei den Fototerminen; sowie allen Eltern der jungen Forscher.

Bildquellen
Der Verlag dankt folgenden Personen und Institutionen für die freundliche Genehmigung, ihre Bilder zu verwenden: m = Mitte; u = unten; l = links; r =rechts
Britstock-ifa: 32ml. **Silly Putty:** (Silly Putty ist ein eingetragenes Warenzeichen von Binney Smith) 9mr. **Image Bank:** 32ul, 32ml (oben), 39mr. **Science Photo Library:** Microfield Scientific Ltd 14ur; Peter Ryan 41mr; Professor P. Motta 42mr. **gettyone stone:** Vorsatzblätter. **Telegraph Colour Library:** Ivar Mjell 37mr; P.Gridley 45mr.